Johannes Fastenrath

Stimmen der Weihnacht

Johannes Fastenrath

Stimmen der Weihnacht

ISBN/EAN: 9783743385955

Hergestellt in Europa, USA, Kanada, Australien, Japan

Cover: Foto ©Thomas Meinert / pixelio.de

Manufactured and distributed by brebook publishing software (www.brebook.com)

Johannes Fastenrath

Stimmen der Weihnacht

Stimmen der Weihnacht.

Lieder

nach dem

Spanischen des D. Ventura Ruiz Aguilera

von

Dr. Joh. Fastenrath.

Leipzig 1880.
Wilhelm Friedrich,
Verlag des
„Magazin für die Literatur des Auslandes".

Dem Andenken meiner theuren Mutter
Rosalie Fastenrath.

Weihnacht ist das Fest der Feste,
Unsrer Kindheit Sonnenschein,
Und das Treueste, das Beste
Ist ein gutes Mütterlein.

Weihnacht, Weihnacht ist gekommen,
Doch Du gingst, lieb Mütterlein.
Was soll mir die Weihnacht frommen,
Ach da Du mich ließ't allein?

Weihnacht ohne Dich ist Garten,
Garten ohne Sonnenschein.
Wirst Du droben meiner warten,
Liebes treues Mütterlein?

IV

Was soll ohne Dich ich singen?
Traurig sind die Melodei'n.
O komm her auf Engelschwingen
Heut' zu mir, lieb Mütterlein!

Brachtest stets mir eine Gabe,
Laß mir's wieder Weihnacht sein:
Jetzt da ich Dich nicht mehr habe,
Bring' Dich selbst mir, Mütterlein!

Du sei meine Weihnachtskrippe
Und Dreikönigssternenschein!
Laß mich küssen Deine Lippe
Heut' noch einmal, Mütterlein!

Vorwort.

Nur eine kleine Gabe ist es, die ich, ein Weilchen ausruhend von meiner spanischen Arbeit „La Walhalla y las glorias de Alemania", in diesen Weihnachtsklängen den Freunden spanischer Muse bringe; aber ich bringe sie, um zu zeigen, daß spanische Dichter nicht bloß das Farbenglänzende und Pomphafte lieben, sondern auch Sinn haben für das Einfache und Schlichte. Der in Madrid lebende, am 2. November 1820 in Salamanca geborene Dichter D. Ventura Ruiz Aguilera, dessen Name mit Ehren genannt wird unmittelbar neben Becquer, Zorrilla, Campoamor und Nuñez de Arce, und von dessen melodischer Leyer die begeisterten Töne reiner Vaterlandsliebe und die zärtlichsten Elegien auf den Tod seines Kindes erklungen, hat in seiner „Leyenda de Noche-Buena" (Madrid, 1872) dem spanischen Volke sinnige Weihnachtsbilder bescheert und die Gefühle und Stimmungen geschildert, die das schönste Fest der Religion und der Familie, welches die Spanier „Noche-Buena", d. h. „die Nacht, die gute", nennen, bei den verschiedensten Menschen, beim Kind und beim Erwachsenen, beim Gefangenen und Verbannten, beim Glücklichen und beim Verwaisten, beim Reichen und beim Armen hervorbringt.

Süße Erinnerungen, Stunden des Entzückens, goldene Träume, was sind sie, verglichen mit dem Einen Wort: Weihnachten, diesem höchsten Feste der Wonne, diesem Abglanz himmlischer Seligkeit? Bringt sie den Kindern auch nicht den gabengeschmückten, lichterfunkelnden Tannenbaum, so ist doch auch die spanische Noche-Buena von unendlicher Poesie: ein Mahl, die herkömmliche cena, vereinigt drei Generationen, die Großeltern, Eltern und Kinder, eine Weihnachtskrippe, el Nacimiento, wird zum Altar

VII

der Familie, und Lieder erklingen beim Ton der Schalmeien und des Tamburins. Wie weiden sich die entzückten Augen der Kleinen an dem magischen Abbild des niederen Stalles, der der Tempel der Christenheit ward! Glasscheiben auf dem Sande ahmen das silberne Bächlein nach, das so sanft, so geräuschlos dahinfließt; an einem unsichtbaren Haar hängt ein Stern von Goldpapier; Engel fliegen in den Lüften; über Abgründe trippelt ein verirrtes Schäflein; dort ist die Grotte der Hirten; halbgeöffnet sind die Lippen: es ist, als ob sie jeden Augenblick ein Weihnachtsliedchen, einen villancico, anstimmen wollten. Hirtinnen, magische Figuren aus Thon, kommen vom Berge her, dem Neugeborenen dort in der weißschimmernden Herberge Honig und Früchte zu bringen; im Hintergrund unter dem niedern Dach steht seine Wiege, und mit unnennbarem Entzücken blicken die Kleinen auf das heilige Paar, auf Joseph und Maria, und verfolgen den sich schlängelnden Pfad, auf dem die drei Könige nahen: trapp, trapp, traben die Rosse; horch, horch, in den Bergen hallt's

VIII

wieder! Wie schauen so fröhlich die Reiter, wie leuchtet so freundlich der Stern!

Möchten die spanischen Stimmen aus der heiligen Nacht, die ich hier verdollmetscht, auch den Weihnachtsbaum der deutschen Jugend umflüstern! Es sind Aguileras' Lieder, Romanzen und Sprüche, und nur das letzte: „Was die Weihnachtsglocken läuten", ist mein. Doch habe ich eins meiner Gedichte: „Eine Weihnachtsgabe für Murcia" noch hinzugefügt, um die Erinnerung festzuhalten an das, was unser Köln in diesem Jahre für die überschwemmte spanische Stadt gethan. Da dies Büchlein in dem Jahre erscheint, das Köln und dem deutschen Volke das herrlichste Angebinde, die Vollendung des Kölner Domes, des unvergleichlichen Denkmals der Kirche, der Kunst und des Vaterlandes, gebracht hat, so sei es mir vergönnt, dies Werkchen mit einem Gedichte zu schließen, welches ich der Vollendung unseres Wunderbaues gewidmet.

Köln, 15. Oktober 1880.

Dr. Joh. Fastenrath.

Inhaltsverzeichniß.

	Seite
Dem Andenken meiner theuren Mutter.	III
Vorwort	V

Stimmen der Weihnacht.

1. Widmung	1
2. Die Jungfrau Maria	5
3. Das Christkind	7
4. Die frohe Botschaft.	9
5. Das Lied von der Weihnacht	11
6. Des Verbannten Weihnachten	15
7. Gedenke mein!	19
8. Der Bettler und die Hirten	21
9. Ich bin die Lieb', das Leben!	28
10. Schwalben, die Ihr in eiligem Fluge	29
11. Ein schwarzer Christus	31
12. Volksspruch	33

13. Sprüche	34
14. Die todte Mutter	37
15. Das seltsame Gastmahl	39
16. Heidnische Götter	50
17. Der Gefangene	52
18. Des Sclaven Weihnachten	54
19. Der ungerechte Richter	56
20. Der Landpfarrer	61
21. Ach, daß sie's nicht wissen!	63
22. Der Kinder Weihnachtstraum	66
23. Wohl errath' ich, an wen in der Weihnacht	69
24. Der Maulthiertreiber	71
25. Der Geizige	75
26. Was die Weihnachtsglocken läuten	78
Anhang:	83
Eine Weihnachtsgabe für Murcia	85
Zur Feier der Vollendung des Kölner Domes am 15. Oktober 1880	90

Widmung.

Aus dem Buche Deines Lebens
Sind es Blätter, sind es Seiten,
Die in diesen Weihnachtsbildern
Dir, o Volk, ich heute weihe.
Diese Bilder sind für Alle,
Für den Armen wie den Reichen,
Diese Bilder sind für Jeden,
Mag er froh sein, mag er leiden;
Mag er in Palästen thronen,
Mag auf Höh'n er Lämmer weiden,
Wohn' in Hütten oder berg' er
Sich in tiefen Einsamkeiten.
Als der Sänger Deiner Freuden,
Als der Sänger Deiner Leiden,
Komm' und klopf' ich an die Pforten

Aller Herzen in der Weihnacht,
Ruf' mit den Erinnerungen,
Die die Seele tief ergreifen,
Mächt'ger als des Erzes Töne,
Mächt'ger als das laut'ste Schreien.
Sammelte sie allenthalben,
Auf den Meeren, in den Hainen,
In den gold'nen Prachtgemächern,
In der Hütten Einsamkeiten,
Und so werden diese Bilder
Als ein Echo Dir erscheinen
All' der Stimmen, die zum Menschen
Heute sprechen in der Weihnacht.

Die Jungfrau Maria.

Augen wie Sterne,
Nur schöner, lichter,
Ein himmlisch Antlitz
Und heit're Stirne,
Gekrönt vom Strahle
Der Sonne, die sich
In Fäden theilt, ihr
Das Haar zu bilden;
Des Veilchens Düfte,
So süß, so lieblich;
Unschuld, beneidet
Selbst von den Lilien;
Stimme, die holder
Der Seele klinget,
Als wenn ein Engel
Vom Himmel riefe;

Anmuth unendlich,
Göttliche Milde,
Ja Alles Schöne
Von Erd' und Himmel,
Er der's geschaffen,
Vereint' in ihr es,
Mit allen Gaben
Die Eine ziert' er,
Die Glorie Juda's,
Von der lobsingen
In allen Zungen
Der Menschen Stimmen,
Die auserwählte
Jungfrau Maria,
Die unter'm heil'gen
Herzen das Christkind
Getragen, auf das harren alle Völker
Und das verkünden der Propheten Lieder.

Das Christkind.

Schon hat das Christkind,
Das heißersehnte,
Das ew'ge Dunkel
Der Welt erhellet.
Nicht reichen Purpurs
Betthimmel decket
Im Schloß die Wiege
Dem Kindlein Jesu.
O nein, die seine
Ist gar armselig:
Auf einem Bündel
Stroh ist's gebettet.
Auch keine Schmeichler
Das Kind umgeben:
Nur rauhe Hirten,
Mädchen des Feldes,

Der sanfte Ochse,
Das gute Es'lein,
Die zwei, die nie sich
Weigern, dem Menschen
Die schwere Arbeit
Tragen zu helfen
Und selber thuen,
Was ihm beschwerlich,
Das sind die Schranzen,
Die es umgeben.
Nicht Menschenstimme,
Pinsel und Klänge,
Feder entnommen
Flügeln der Engel,
Nichts, Nichts kann malen
Die Schönheit jemals
Des Kindes Gottes,
Die göttlichhehre,
Nicht schildern je den reichen Schatz der Liebe,
Den bis zum Grab einschließet seine Seele!

Die frohe Botschaft.

Von dem Stern geführt, der blinket
Wie ihr Glaube freudig hell,
Aus dem Osten sind drei Kön'ge
Hingewallt gen Bethlehem.
Dort in jener Nacht geboren
Ward in nied'rem Stalle der
König, den die drei anbeten,
Er, der Königspomp verschmäht.
Und das Kindlein, dort geboren,
Hat mit seiner „frohen Mär"
Schon als Kind die Welt ergriffen,
Die dem Mann zu Füßen fällt,
Und, um so zu siegen, braucht es
Keine and're Waff' und Wehr
Als die Liebe, die die Seele
Ist des neuen Testaments.

Sie, die Grundidee, die Sonne,
Die von Ihm das Licht erhält,
Führt seitdem die Welt zur Zukunft,
Die geahnt schon vor ihr steht,
So wie einst die Feuerwolke
Durch die Wüste wies den Weg
Und zum Lande der Verheißung
Trug das Volk von Israel.

Das Lied von der Weihnacht.

Ha, wie heult der Nordwind draußen
Gar so grimmig und so heiser!
Wirf in's Feuer diese Reiser,
Daß sie geben Licht und Gluth!
Drinnen bei des Holzes Knistern,
Bei dem hellen Schein der Flammen,
Wollen feiern wir zusammen
Weihnacht, uns'res Herrn Geburt.
Du, besorg' das Mahl, Elise. —
Wird denn heute Nacht gewacht? —
Eine heil'ge Nacht ist diese,
Nicht zum Schlaf ist diese Nacht!

Ei, Großmütterchen, Du klapperst
Mit den Zähnen, ach Du arme!
Komm an's Feuer doch, an's warme,
Gute Alte, komm heran!
He, gib Acht, laß nicht verbrennen
Die Kastanien im Töpfchen.
Was, Du schläfst schon, Schlummerköpfchen?
Tummle Dich, sieh' nach der Pfann'.
Füll' das Glas mit Wein, Elise. —
Wird denn diese Nacht gewacht? —
Eine heil'ge Nacht ist diese,
Nicht zum Schlaf ist diese Nacht!

Soll ich Euch vom Christkind sagen,
Von dem Kind, das Hirt der Seelen?
So kommt her, ich will erzählen,
Aber laßt das Rataplan,
Laßt das Rataplan der Trommeln
Und das Klingen der Schalmeien,
Laßt das Singen, Lärmen, Schreien,
Merkt jetzt auf, ich fange an.
Kinder, Stillsein sei Devise! —
Wird die ganze Nacht gewacht? —
Eine heil'ge Nacht ist diese,
Nicht zum Schlaf ist diese Nacht!

Vor gar vielen hundert Jahren
Ward geboren der im Stalle,
Der erlöst die Sünder alle —
O Du sel'ge Weihnachtszeit!
Arm, ein Sohn des Volkes, prangt er
Nicht in Purpur, nicht in Seiden,
Windeln trug er, gar bescheiden,
Die ihm gab Barmherzigkeit.
Ich hab' Durst, schenk ein, Elise. —
Wird denn diese Nacht gewacht? —
Eine heil'ge Nacht ist diese,
Nicht zum Schlaf ist diese Nacht!

———

Und er predigte dem Volke,
Sprach so tief zu den Gemüthern
Von den allerhöchsten Gütern,
Arbeit, Lieb' und ew'gem Lohn.
Aber da mit solcher Predigt
Er der Hölle Macht zerstörte,
Warf die Hölle, die empörte,
Wild sich auf Marieens Sohn.
Gott, was hast Du doch, Elise? —
Wird die ganze Nacht gewacht? —
Eine heil'ge Nacht ist diese,
Nicht zum Schlaf ist diese Nacht!

———

Vor des Welterlösers Stimme,
Vor dem Wort aus seinem Munde,
Da erbebt in ihrem Grunde,
Bebt und schwankt die alte Welt.
Und die nur vom Bösen lebten
Wurden eins, ihn zu verderben,
Und beschlossen ward es: sterben
Soll Jesus von Nazareth.
Schenk' noch einmal ein, Elise. —
Wird die ganze Nacht gewacht? —
Eine heil'ge Nacht ist diese,
Nicht zum Schlaf ist diese Nacht!

Und es sah das Volk ihn gehen
Traurig ach den Weg der Qualen,
Sah ihn auf dem Berg, dem kahlen,
Hängen an des Kreuzes Stamm.
Und dort starb er zwischen Schächern,
Aber uns zum Licht des Ruhmes
Ward das Holz des Märtyrthumes,
An dem starb das Gotteslamm.
Wer ist, der nicht Christum priese? —
Schlaf hat heute keine Macht. —
Eine heil'ge Nacht ist diese,
Nicht zum Schlaf ist diese Nacht!

Des Verbannten Weihnachten.

I.

Dieses Stromes Wasser,
Drüben fließt es hell
Und netzt unf'rer Heimath
Früchtereiches Feld.
Nur des klaren Stromes
Flücht'ge Welle trennt
Diese beiden Völker,
Die so nah' sich steh'n.
Wenn vielleicht das unf're
Wir gering geschätzt,
Heut' ruft unf're Sehnsucht,
Da von ihm wir fern:
Wer noch nicht zu lieben
Wußte Heim und Herd,
Geh' in die Verbannung,
Daß er dort es lern'!

II.

Unsrer Heimath Himmel,
Der wie keiner glänzt,
O wie spricht zur Seele
Seiner Lüfte Weh'n!
Drüben in Spiralen
Sich der Rauch erhebt,
Rauch von unsrer Heimath
Friedlichstillem Herd.
O von wie viel Freuden
Spricht zum Herzen er!
Wie wächst unsre Oede
Jetzt da wir ihn seh'n!
Wer noch nicht zu lieben
Wußte Heim und Herd,
Geh' in die Verbannung,
Daß er dort es lern'!

III.

Von dem Ufer drüben
Tönen Klänge her,
Die das Herz erfüllen
Uns mit tiefem Weh.
Ist es, weil ein rauher

Gedenke mein!

I.

Hier unten Schnee und Schatten
Und oben Lichterschein;
Hier unten Strom von Thränen
Und oben Melodei'n;
Hier unten ein Erfror'ner
Und oben frohe Reih'n,
Denn diese Nacht, die Weihnacht,
Darf nicht dem Schlaf man weih'n.
O Du, der heut so glücklich,
Vergiß auch nicht der Pein
Deß, der Dir unten zuruft:
„Gedenk', gedenke mein!"

II.

Dem Quell gleich, der zum Strome
Zum Sterben gehet ein,
Sah ich dahin sie ziehen,
Die jetzt im Todtenschrein.

Ehrwürd'ge Greise, Jugend,
Der Schönheit holder Schein,
Ihr Aller Loos am Ende
Ist das Vergessensein.
Doch die gewesen, Alle,
Sie rufen im Verein
Uns zu in dieser Weihnacht:
„Gedenk', gedenke mein!"

III.

Ich sah in früher'n Tagen,
Daß jauchzend Groß und Klein,
Der Greis sang mit dem Kinde
Der Weihnacht Melodei'n.
Ach manche jener Stimmen
Stimmt niemals wieder ein:
Gelichtet sind beim Mahle
Der Weihnacht schon die Reih'n,
Doch wie mit Geistern füllt sich
Der Saal, die im Verein
Heut' die Lebend'gen mahnen:
„Gedenk', gedenke mein!"

Der Bettler und die Hirten.

Als die Nacht hereingebrochen,
Bin ich, überrascht vom Regen,
In die stille Hütte zweier
Nied'rer Hirten eingetreten.
Gleich der Löwen Wuthgebrülle
War der grimmen Stürme Heulen,
Und die Ströme stürzten nieder,
Stürzten nieder von den Bergen.
An der Thür ließ schüchtern Pochen
Drauf zwei-, dreimal sich vernehmen.
„Wer da?" fragt ein Hirt. „„Ein Armer!""
Tönt's als Antwort ihm entgegen.
Träumt' ich nun im Wachen oder
War es meiner Sinne Täuschung,
Auf des Menschen Stirne glaubt' ich
Süßen Strahl des Lichts zu sehen.

Wie die Könige den Purpur,
So trug er, von Ansehn edel,
Um die Schultern einen Schafpelz,
Doch es war sein Pelz in Fetzen.
Und er zitterte vom Fieber
Oder von der strengen Kälte,
Die sich seinem Elend einte,
Um ihn zwiefach jetzt zu quälen.
Und der Jüng're von den Hirten
Hat sich freundlich ihm genähert
Und ergriff die Hand, die kalte,
Ihm mit Liebe und voll Ehrfurcht
Und auf einen alten Eichstamm
Ließ er ihn sich niedersetzen.
Und daß wieder er erlange
Seinen Geist und seine Kräfte,
Reicht, gefüllt mit altem Weine,
Einen Becher er dem Bettler.
„Bruder," sprach er zu ihm, „trinke
Und verzeihe, daß so wenig
Ich Dir biet': groß ist das Wollen,
Doch die Mittel nicht entsprechen."
Dies und and're Worte sprach er,
Die ich nicht kann wiedergeben,
Denn es ist die Kunst ohnmächtig,
Immer wenn die Herzen sprechen.

Drauf das seine voll des Jammers
Oeffnet er, es sprach der Bettler:

„„In der Weihnacht, allen Völkern
Heilig, die sich Christen nennen,
Fleht' um Wasser Durstes Brennen,
Und mein Hunger fleht' um Brod;
Fleht' mit Seufzen und mit Klagen,
Doch ich fand verschloss'ne Pforten
Oder todte Seelen dorten,
Wo ich rief in meiner Noth.

 Christ hat den Seelen
  Das Licht gebracht,
Blind doch ihn schlugen mit ruchlosen Werken
Ein'ge an's Kreuz in der heiligen Nacht!

———

„„Dreimal drang zu einer reichen
Dame meines Jammers Stöhnen,
Die der Ruf ob ihrer schönen
Seele mit Altären ehrt.
Doch selbst nicht „Verzeihung, Bruder!"
Da sie keine Gabe spendet,
Sagte mir die so verblendet,
Sie, die so beklagenswerth.

Christ hat den Seelen
  Das Licht gebracht,
Blind doch ihn schlugen mit ruchlosen Werken
Ein'ge an's Kreuz in der heiligen Nacht!

———

„„Bald darauf ein Diener Gottes
Traf mich an auf seinem Schritte
Und ging weiter; was ich litte,
Er, er hatte deß nicht Acht.
Was sag' ich? Der Pharisäer
Sah mich an, doch war sein Schauen
Wie auf ein Gewürm, das Grauen
Einflößt und uns schaudern macht.

Christ hat den Seelen
  Das Licht gebracht,
Blind doch ihn schlugen mit ruchlosen Werken
Ein'ge an's Kreuz in der heiligen Nacht!

———

„„Herr, der Heiland ist geboren,
Und in dieser Nacht voll Segen
Weiß ich nicht mein Haupt zu legen,
Sprach zu einem Großen ich:
O, so laßt bei Eu'ren Hunden

Schlafen diese Nacht mich Armen! —
Doch ohn' mein sich zu erbarmen,
In den Wagen er entwich.

Christ hat den Seelen
Das Licht gebracht,
Blind doch ihn schlugen mit ruchlosen Werken
Ein'ge an's Kreuz in der heiligen Nacht!

„„Keinen einz'gen Blick der Liebe,
Keinen Laut des Trostes, keinen;
Nur ein Kind, ein Engel, weinen
Sah es mich und weinte mit.
Doch der Diener, dessen Obhut
War das Kindlein anbefohlen,
Spottet dessen unverholen,
Trug's auf's Schloß in schnellem Schritt.

Christ hat den Seelen
Das Licht gebracht,
Blind doch ihn schlugen mit ruchlosen Werken
Ein'ge an's Kreuz in der heiligen Nacht!"" —

Also endete der Bettler
Die Geschichte seines Jammers,

Drauf der Jüngere der Hirten
Rief: „Möcht' doch ein Blitz sie spalten!"
Doch als er gewahrt, daß plötzlich
Sich des Gastes heit'res Antlitz
Trübte, grad' als seine Lippe
Aussprach jenes Wort, das harte,
Gleichwie auf der Oberfläche
Auch des stillen Sees Wasser
Einen Augenblick sich trübet,
Wenn ein Stein hineingefallen,
Wagt er anders nichts als diese
Kurzen Worte noch zu sagen:
„Warum gibt Gott ihnen Güter?
Warum nennen Christen dann sich,
Die Gott immer auf den Lippen,
Aber nie im Herzen tragen?"
„„Ein Geheimniß ist's, verschlossen
Für den Menschen, sprach der Arme,
Aber da es so bestimmt ist
In des Allerhöchsten Rathschluß,
Laßt uns still ihn ehren und an
Dem, der sein Gesetz verachtet,
Räche uns're Lieb' die Wunde,
Die er grausam uns geschlagen.
Einfach Volk nur war's und Kinder,
Die des Heilands Worten lauschten,

Als, die Welt er zu erlösen,
Die Gestalt der Menschen annahm.
Kinder und einfache Leute
Sind auf Bergen und im Thale
Heut' die einz'gen in der heil'gen
Nacht, die mir gelindert haben
Meinen Durst mit ihrem Weine
Und mit Thränen meine Trauer.
Christus hängt am Kreuz noch heute,
Aber wißt, des Opferbaumes
Aeste werden herrlich grünend
Eines Tages überschatten
Alle Racen, alle Völker,
Und die Völker werden alle
Eine einzige Familie
Sein, die frei und neuerstanden!"" —
Und er schwieg, und noch das Echo
Seiner süßen Stimme hallte
Gleich den letzten Tönen einer
Himmelsleyer oder Harfe,
Als verlassen er die Hütte
Schnell gleichwie des Windes Rauschen,
Doch er ließ voll auserles'nen
Duftes sie und lichten Glanzes.

Ich bin die Lieb', das Leben!

„Ich bin die Lieb', das Leben,
Dein Reich erliege!"
Also sprach zu dem Tode
Christ in der Wiege.
Von Bethlehem zum Kreuze
War Lieb' sein Leben,
Hat selbst geliebt die Richter,
Henkern vergeben!

Schwalben, die Ihr in eiligem Fluge.

„Schwalben, die Ihr in eiligem Fluge
Durch die Lüfte, die blauen, Euch schwingt,
Sagt, was wollt Ihr in ferner Zone?" —
„„Woll'n abreißen die Dornenkrone,
Die da peinigt das Jesuskind!""

„Wenn in Bethlehem Jesus geboren,
Seine Stirne gekrönet von Licht,
Sagt Ihr Schwalben, in ferner Zone,
Welche spitzige Dornenkrone
Quält das göttliche Jesuskind?" —

„„Wenn Euch Menschen so blind ist die Seele,
Daß sein Schmerz Euch verborgen zumeist,
Wir, wir schauen, in ferner Zone,
Wie der Herr seine Dornenkrone
Trägt schon als Kindlein, als Kindlein im Geist!

Heut' mit zärtlichem Zwitschern zu lindern
Suchen wir ihm die innerste Pein
Und wir fliegen zu ferner Zone,
Um am Kreuz von der Dornenkrone
Ihm die wunde Stirn zu befrei'n!"«

Ein schwarzer Christus.

Müde von dem langen Spielen,
Sitzend unter ihren Schwarzen,
Ruft ein Kindlein wie ein Engel
Voller Herzenseinfalt also:
„Jesus ist zur Welt gekommen
Nur allein für uns're Race,
Und die Eu're hat erst einen,
Wenn ein Christus kommt, ein schwarzer." —
„„Ei, wer sagte Dir das, Mädchen?""
Fragt das herz'ge Kind ein Sclave. —
„O ich weiß, ich weiß es sicher,
Denn ich weiß es von Mamachen." —
„„Nun, 'nen schwarzen Christus kenn' ich."" —
„Ei, das wär'! da muß ich lachen.
Und wo ist er?" — „„Wo? In Cuba
Und in England und in Spanien

Und . . ."" — „Auch hier? — „"Ja freilich, Mädchen,
Und so klar ist das, so klar, daß
Selbst es sehen kann ein Blinder."" —
„Geh' doch, geh' doch! So zu spaßen!" —
„"Nun, so will ich in zwei Worten
Dir das Räthsel offenbaren.
So viel ihrer Christus sehen,
Der den Weißen wie den Schwarzen
Gleichschätzt und der Alle liebet,
Aller harrt mit offnen Armen,
Schauen mit dem Aug' die Einen,
Mit der Seele ihn die Ander'n.""

Volksspruch.

Diese Nacht, die heil'ge, kommet,
Diese Nacht, die heil'ge, geht,
Und auch wir, wir werden gehen,
Kehren wieder nimmermehr!

Sprüche.

Von den Sprüchen, welche Spaniens
Volk bewahrt treu im Gedächtniß,
Die vom Vater auf die Söhne
Und von Mund zu Munde gehen,
Hab', an eines Landmanns Hütte
Auf der Wand'rung stillestehend,
Ich die folgenden vernommen,
Die ich also hier verdeutsche:

„Roth erblüht ist eine Nelke
Dort in Bethlehems Portal,
Die zur Lilie geworden,
Daß erlöst wir allzumal."

„Dorten in des Ostens Fluren
Prangt und weckt der Sonne Neid
Herrlichste der Kreaturen,
Die geboren ward vom Weib."

„Hirt und Hirtin, froh vom Felde
Zu des Kindleins Wiege stürzen,
Tragen Obst in ihren Körben,
Tragen Obst in ihren Schürzen."

„Alle bringen was dem Kindlein,
So die Hoh'n wie die Geringen,
Ich will einen Butterkuchen
Ihm und weißen Honig bringen."

„Nehmt dies Hütchen, nehmt dies Hütchen,
Wohl von Blumen ist's gemacht,
Daß es deck' das Haupt des Kindleins,
Dieses Haupt voll Himmelspracht."

„Kindlein, schlaf', schlaf' in der Wiegen,
Ich will nach den Windeln wallen,
Die auf blüh'nden Rosen liegen
Und gewaschen in Krystallen."

„Als Maria ging zur Messe
In das Haus des Salomon,
War das Kleid, das sie getragen
Ganz von Strahlen goldner Sonn'."

„Es war Näherin die Jungfrau,
Joseph war ein Zimmermann,
Und ein Kreuz schnitzt sich das Kindlein,
Denn einst sterben soll's daran."

Die todte Mutter.

Sieh ein paar gelbe Kerzen
Dort um den Leib der jungen Todten strahlen,
Und bleich, ein Bild der Schmerzen,
Erstarrt in ihren Qualen,
Die Mutter, die zu Füßen ihr gesunken,
Stößt dunkle Reden aus im Schmerz, dem steten,
Und murmelt Klagen unfromm selbst beim Beten.

Und glücklich dort ach in des zarten Alters
Unwissenheit, in Lumpen eingehüllet,
Ein Lächeln bald auf dem halboffnen Munde,
Das von der hellsten Lebenslust gibt Kunde,
Die Augen bald erfüllet
Von Staunen über das, was sie jetzt sehen
Und dennoch für unmöglich halten oder
Was sie noch nicht verstehen,

Zwei Kindlein kleine,
Seele der Seele,
Die jetzt die ihre gab dem Herrn alleine,
Der Weihnacht Lieder aus unschuld'ger Kehle
Nach einem Augenblick des Schweigens singen,
Unschuld'gem Vogel gleichend,
Der schon ertönen läßt die frohe Stimme,
Wenn auf dem Meer und auf dem Land erbleichend
Man noch den Sturmwind schaut im wilden Grimme.

Das seltsame Gastmahl.

I.

Nach dem frohen Mahl, bei welchem
In der Nacht, der heil'gen, immer
Führt des Hauses Herr den Vorsitz,
Edeln Geschlechts Gebieter,
Der unglücklich oder glücklich
Sah dahin die Jahre fließen,
Ohne daß die angebor'ne
Güte sich erschöpf' und mind're,
Die er gleichermaßen ausdehnt
Auf den Mann mit stolzem Sinne,
Auf die Freunde, die Verwandten
Und den Nieder'n, der ihm dienet;
Um allein zu bleiben, heißt er
Jetzo scheiden die Familie
Und läßt dann sich in die Arme

Eines alten Sessels nieder.
Vor ihm steht der Tisch, bekleidet
Mit dem schimmerndweißen Linnen,
Und es sind darauf noch Früchte,
Wein und Süßigkeiten sichtbar.
Stühle, die noch Niemand einnimmt,
Den geräum'gen Tisch umringen,
Wie wenn Einen sie erwarten,
Den ein neues Mahl erquicke.
Unaussprechlich ist der Ausdruck,
Mit dem seine Augen richtet
Jetzt auf sie der Greis; ein Lächeln
Spielt zugleich um seine Lippen.
Und vielleicht die Offenbarung
Ist's, die Zeugniß von dem Frieden
Und dem Glück gibt einer Seele,
Die allein das Gute liebet.

II.

Bilder hängen an den Wänden
Des Gemachs, darin er nachsinnt,
Das mit dunkelen Tapeten
Ganz bedeckt. Geschickte Maler
Haben die Familienbilder
Von den Männern dort geschaffen,

Die der Kirche und der Toga
Zier und Ruhm des Kriegerstandes.
Hie und da hebt sich ein Bild ab
Wohl von einer stolzen Dame,
Das, ob stumm, für den, der aufmerkt,
Spricht und steht gleichwie die andern.
Dieser ist ein tapf'rer Krieger,
Angethan mit Helm und Panzer;
Der dort weiter, in dem Purpur
Prangt er eines Cardinales,
Und dort zwischen beiden sichtbar
Ist das würd'ge, strenge Antlitz
Eines Mannes der Gesetze,
Der des Rechts beständ'ger Sklave.
Von dem Tische nach den Bildern,
Von den Bildern nach der Tafel,
Schweift in ruhiger Bewegung
Fort und fort der Blick des Alten,
Und in allen Gegenständen,
In die sich versenkt sein Auge,
Und in seinem eignen Sinnen,
In der Luft selbst, die er athmet,
Ist ein Etwas jetzt, ein Etwas,
Welches also ihn bezaubert,
Daß er ganz sich selbst vergessen,
Gleich als trät' er in ein and'res

Leben und zurückgewichen
Wär' die Zeit durch Gottes Allmacht,
Daß er Wesen, die als Todte
Er beweint, sieht schweigend wallen,
Sich dem Tische nähern und sich
Auf den Stühlen niederlassen.

III.

Und der Aelteste von allen
Jener wunderselt'nen Gäste,
Die aus and'rer Welt gekommen,
Zu besuchen ihn, den Schläfer,
Welcher jetzt im Geiste beiwohnt
Einem Mahl phantastisch seltsam,
Das Erinnerungen viele
Ihm lebendig in die Seele
Ruft, war uns'res Greises Vater,
Dem er selber ist so ähnlich,
Wie ein Tropfen Wasser einem
Ander'n, den der Wind getrennet.
Einen Rock trägt er von Seide,
Schimmernde, gestickte Weste,
Und sein Zopf und die Perrücke
Weiß gleichwie der Schnee erglänzen.
Seine Krause, die von Spitzen,

Der Manschetten fein Gewebe,
Deuten an, daß reich und vornehm,
Der sie trägt an Brust und Händen.
Und die Dame, die dort Platz nimmt
Ihm zur Rechten, wohl erkennt man
Sie als Mutter deß, der schlummert;
So sind sie einander ähnlich.
Ihre Haare trägt gesammelt
Sie zu einer Wulst und Flechte,
Und ein Schmuck von vielen Locken
Neigt sich ihr auf beide Schläfen.
Und daß gleiches Blut verbindet
Alle, die hier gegenwärtig,
Kann kein Einziger bezweifeln,
Denn in die, die sie erzeugte,
Hat Natur gedrückt und Liebe
Unvertilgbares Gepräge.
Das vergang'ne Leben, alle
Die verschied'nen Zwischenfälle,
Treten dem erlauchten Greise
Jetzt der Reih' nach vor die Seele,
Denn sein Mund, der halb geöffnet,
Murmelt Namen, die ihm theuer,
Murmelt sie mit schwacher Stimme,
Oder seine Lippe bebet,
Gleichwie Einer, der erwiedert

Einen Kuß der Liebe zärtlich,
Oder er streckt aus die Arme
Einmal um das and're freudig,
Als ob er ein heißgeliebtes
Wesen mit dem Arm umschlänge.

IV.

Auf den Gast die Blicke heftend,
Sprach in weihevollem Tone,
Mit geheimnißreicher Stimme,
So die erste der Visionen:
„Ich, die Seele Deines Vaters,
Künde Dir im Namen Gottes,
Daß das Glück des ew'gen Lebens
Du genießen wirst dort oben.
Da Du den ererbten Reichthum,
Der ein Unheil manchem Sohne,
Stets mit Weisheit angewendet,
Anderen zu Nutz und Frommen,
Ist kein Einziger zu finden,
Der Dir nicht Verehrung zolle,
Nicht des Reichthums wegen, um Dein
Herz nur, um Dein edles, großes.
Mächtige Paläste werden
Stürzen bald in sturmesvollen

Tagen bei den jähen Angriff
Eines wildempörten Volkes;
Doch inmitten der Zerstörung
Wirst dem Drang von Sturm und Wogen
Siegreich Du gleich einem Felsen,
Welchen Nichts erschüttert, trotzen!
Denn ob Dich die Welt vergesse,
Alle Dir mit Undank lohnen,
Riesenkraft gibt gegen sie Dir
Dein Gewissen. Sohn, gekommen
Bin ich heute, Dich zu grüßen,
Durch Dich selbst heraufbeschworen,
Dir zu sagen: bin zufrieden,
Sohn, mit Dir. Sei Gott befohlen!" —

V.

Und die zweite der Visionen
Sprach zum Greise, der da schlummert:
"Wohl die Liebe aller Liebe
Ist die Liebe einer Mutter!
Sie kann nicht der Tod zerstören,
Sie vereint in engem Bunde
Seelen, die auf Erden leben,
Noch mit denen, die entschwunden.
O mit welcher hohen Freude,

O mit welchem Herzensjubel
Sah Dich Deine Mutter wandeln
Auf dem Pfade nur der Tugend!
Welche Thränen nicht vergossen
Hätt' ich, wenn ich einen Fuß Dich
Je gesehen an dem Rande
Eines Abgrunds graunhaft dunkel!
Meine Seligkeit hast niemals
Durch den Schatten eines Kummers
Du getrübt. Drum Dich zu segnen
Komm' ich jetzt, mein Sohn, Du guter!" —

VI.

Spricht die dritte der Visionen:
„Auf den Ruf auch ich erscheine,
Daß sich die Erinnerungen
Dir beleben in der Weihnacht.
Brüder, so wie wir gewesen,
Sah man wenig oder keine;
Zwietracht konnte nie verringern
Uns'rer Liebe Gluth, die heiße.
Wenn die Weihnacht kam, wie war sie
Für uns Kinder selig, heiter!
Um die Krippe, o wie sangen
Und wie tanzten froh wir Beide!

Glücklich waren uns're Eltern,
Wenn uns, ihre Augenweide,
Sie nur sah'n; Großeltern wurden
Selbst zu Kindern mit uns Kleinen.
Ihre Lust umwölkt' mein Sterben,
Hieß sie sich in Trauer kleiden,
Aber christliche Ergebung
War ein Balsam ihres Leides.
Jetzt in eine süße Wehmuth
Seh'n verwandelt wir das Deine.
Und da Du ein treuer Erbe
Ihrer Tugend warst, so theil' ich
Jetzt Dir mit in Gottes Auftrag:
Bald mit ihnen wirst Du theilen
Seligkeit, da kurz das Leben.
Bruder, drum Ade!... Bis gleich dann!" —

VII.

Und die vierte der Visionen
Sprach mit so melod'schem Klange,
Wie der jungen Lerche Triller,
Die begrüßt des Tages Anbruch.
Und sie sprach: "Ich bin es, Julia,
Deine Tochter, die Dein Alles,
Deine Seele war und die Ihr

Ob der Kindesanmuth nanntet
Alle den Magnet der Herzen
Und die Freude Eures Hauses.
Mich noch alle Tage suchst Du,
Mich noch rufst Du alle Tage
Und Du weißt, daß Dich begleitet
Immer durch die Welt mein Schatten.
Wie könnt' heute Nacht ich fehlen,
Fehlen in der heil'gen Nacht ich,
Wo der Himmel sich entvölkert,
In den Lüften Flügel rauschen
Von den Geistern, die unsterblich,
Niedersteigen heut' in Schaaren
Zu der Wüste dieses Lebens,
Denen, welche lieb' sie haben,
Anzukündigen die sich're
Hoffnung sel'gen, ew'gen Daseins?
Du hast es verdient, denn Du stehst
Auf der Leiter schon seit Jahren,
Deren Enden schlingt der Himmel
Und die Erde ineinander.
Was Du jetzt von mir vernommen,
Sag' ich Dir in Gottes Auftrag.
Ehe meinen Flug ich lenke
Zu der himmlischen Behausung,
Sag' ich es der Mutter, die mich

Unter'm Herzen einst getragen." —
Als er dieses Wort vernommen,
Ist erwacht der edle Alte,
Und ihm war's, als fühlt' er einen
Kuß auf seinen Silberhaaren.
Aber als er seine Blicke
Um sich schweifen ließ, gewahrt' er,
Daß der Saal noch kalt und leer war,
Und die Stühle ganz verlassen,
Er allein, und auf den Bildern
Sah er Augen, deren Sprache
So beredt, die sich wie immer
Bohren zäh in seine Augen.

Heidnische Götter.

Ihr Götter, Ihr uralten
Des Heidenthumes,
In jener Nacht, da Christus
Geboren wurde,
Von Euren Piedestalen
Stürztet Ihr nieder,
Und Eure Tempel sind jetzt
Wüste Ruinen.

―――

Nur wüste Ruinen sind jetzt
All' Eure Tempel,
Doch Viele von Euch selbst sind
Noch heut' am Leben,
Und unter neuen Namen
Und neuen Formen
Wird glühende Verehrung
Euch heut' gezollet.

―――

Jupiter, Mars und Venus,
Ihr Götter alle,
Verlort Ihr Eure alten
Formen und Namen,
Heißt jetzt Ihr Fanatismus
Und Krieg und Habsucht,
Unkeuschheit jetzt und Arglist
Und Neid und Rachsucht.

Der Gefangene.

Stumm und einsam in dem Schatten,
Einkehr haltend in sich selber,
Beugt das stolze Haupt in dieser
Heil'gen Nacht selbst das Verbrechen.
Stille, schweigend, über's Antlitz
Rollt ihm plötzlich eine Thräne,
Eine Thräne, die verkündet
Tiefe Trauer seiner Seele.
Welche Kraft, welch' unbekannte,
Konnte diesem Felsenherzen
Solches Weinen jetzt entreißen,
Das stets seinen Augen fremd war?
Dort in jenem unterird'schen,
Finstern drückendengen Kerker,
Und bei dem Geklirr des Eisens,
Das ihn fesselt, das ihn kettet,

Denkt zum erſten Mal der Arme
Der Geſellſchaft, die entehret,
Und der Freiheit, der verlornen,
Und des Lichts, das Andern leuchtet,
Seiner Kindheit, ſeiner Mutter,
Seiner Kindlein, ach der theuren,
Denkt an Alles, was er liebte,
Denkt an Alles, was ihn freute.
O mein Gott, mach Du, daß dieſer
Schmerz ihm eingeb' gute Werke,
Und es möge Deiner Gnade
Siegel im Geſetze glänzen!

Des Sclaven Weihnachten.

Drüben über'm Weltmeer breiten,
Grenzend an uralte Wälder,
Sich in tiefen Einsamkeiten
Der Plantagen blüh'nde Felder.

Dort hat nicht ohn' süßes Weinen
Neger der Poet gesehen,
Wie des Jesuskind's Erscheinen
Sie mit heil'ger Lust begehen.

Und dort in derselben Zone
Trat vor's Auge des Poeten
Eine strahlende Matrone
In dem Glanz der Majestäten.

Auf dem edlen Frauenbilde
Prangen königliche Zeichen:
Balken trägt sie in dem Schilde,
Burgen, Löwen sonder Gleichen.

Doch muß tiefen Schmerz es wecken,
Daß so herrliche Matrone
Auf der Stirn trägt einen Flecken,
Der ihr nimmt der Schönheit Krone!

Der ungerechte Richter.

Er ist Richter, jammert sein,
Der, ergrauet in Verbrechen,
Hört sein eigen Urtheil sprechen
Und allein mit seiner Pein.

Und so tiefen Abgrund deckt
Vor ihm auf die Schuld, die arge,
Daß er wollt', er wär' im Sarge
Oder vor sich selbst versteckt.

Ein Gespenst, das grausig fahl
Und mit Augen roth vom Weinen,
Läßt den Spiegel ihm erscheinen
Seines Lebens — welche Qual!

Ha, er schaut dort im Krystalle,
Wie in Leichenprocession
Ihn mit ihrem Blick bedroh'n
Seine Opfer alle, alle!

In des Spiegels Glas erscheinen
Wesen ach so seltsam schaurig,
Kinder lächelnd gar so traurig,
Arme Waisen, arme Kleinen,

Die in ihres Daseins Oede
Elend blieben, nackt und bloß,
Daß das Gold fall' dem in Schooß,
Der bestach den Richter schnöde!

Schuldige des Ehebruchs
Schaut er, die durch ihn geehrt,
Und das treue Weib verzehrt
Ach von Gram ob seines Spruchs.

Das Gespenst naht, ha, das grause,
Eines Vatermörders dort,
Den er freisprach von dem Mord,
Taubenrein entließ nach Hause.

Drauf — o wie das Herz ihm schlägt! —
Ein Unschuld'ger ist gekommen:
Als er Hand legt an den Frommen,
Hat er sie an Gott gelegt!

Es erstickt der Schreck ihn fast —
Ob den Schreck er könnt' ertränken,
Thät er Wein in's Glas sich schenken,
Nähert es dem Mund mit Hast.

Doch er setzt es ab voll Schrecken,
Schweißgebadet, leichenblaß,
Denn es will der Wein im Glas
Nur wie Blut, wie Blut ihm schmecken!

Und er bricht darauf ein Brod,
Daß der Blutgeschmack vergeh'.
Weißer war das Brod als Schnee,
Und draus quillt ein Blutstrahl roth!

„Ungeheuer, gib Bescheid,
Hat den Mann in grauen Haaren
Drauf ein Schatten angefahren,
Was war Dir Gerechtigkeit?" —

Und bevor noch Antwort geben
Konnt' der Richter, der Verbrecher,
Aus dem Spiegel, der ein Rächer,
Hundert Schatten sich erheben,

Und der ganze Chor, er schreit
Mit der Rache wildem Feuer:
„Ungeheuer, Ungeheuer!
Was war Dir Gerechtigkeit?" —

Jedes dieser Worte trifft
Seine Seele wie mit Flammen,
Und ihn immer zu verdammen
Geht nicht aus die Flammenschrift!

Und sein Leiden unermeßlich
Noch zu steigern, hört er Klänge,
Hört den Hohn der rohen Menge
Und ein Lachen furchtbar gräßlich.

Abermals greift er im Schrecken
Nach dem Glase, leichenblaß,
Doch es will der Wein im Glas
Wieder nur wie Blut ihm schmecken!

Zuschrein wird's ihm sicherlich,
Ob Vernunft ihm wiederkehre:
„Ich, ich bin des Armen Zähre,
Des Unschuld'gen Blut bin ich!"

Der Landpfarrer.

Hand an den Hut, macht
Platz ehrerbietig
Ihm, der da kommet,
Denn wohl verdient er's!
Ein gar bescheid'ner
Landpfarrer ist es:
Löcher im Mantel,
Die Schuh' zerrissen,
Löcher im Strumpfe,
Der Hut zerrissen, die Soutan' nicht minder.

———

Der Armen güt'ge
Vorsehung ist er,
Theilt ihre Freude,
Leidet mit ihnen,
Sucht ihren Jammer

Durch Trost zu lindern,
Ist, sie zu kleiden,
Entblößt geblieben
Und unter sie hat
Sein Weihnachtsbrod er jetzt vertheilt voll Liebe.

Drum wenn das Kleid sie
Seh'n, das zeriss'ne,
Des greisen Pfarrers,
Im Dorf dann spricht man:
Ein offnes Fenster
Ist jeder Riß wohl,
Daraus das Elend
Hervorlugt, nicht doch,
Draus einer großen
Christlichen Seele ew'ge Schönheit blicket!

Ach, daß sie's nicht wissen!

I.

Ich schritt durch die Gassen,
Die Plätze durchschritt ich
Und überall hört' ich
Ein Stimmengewirre.
Doch die dort erklangen,
Es waren die Stimmen,
Statt süßer Gesänge,
Geheul wie von Wilden.
Mit ihren Begleitern
Bacchantinnen gingen,
Im Wahnsinn des Rausches
Geberden, die viehisch,
Mit cynischen Scherzen
Vereinend, und Lieder
Auf Lippen, vom Laster
Befleckt unerbittlich.

Ich aber dacht' traurig:
Ach, daß sie's nicht wissen,
Wer heute geboren,
Ob Bacchus, ob Christus!

II.

Ein Mann mir zu Füßen
Sank plötzlich darnieder,
Gleichwie eine Eiche
Zerschmettert vom Blitze.
Kaum rief er: „Herr Jesus,
Herr Jesus, o hilf mir!"
Da schwamm er im Blute
Und war schon verschieden.
Mit feigem Entzücken
Der Mörder erblickt' ihn:
„Heut' wardst Du geboren!"
Der Trunkene rief es,
Indessen vom Leichnam,
Dem starren, die Dirne
Entfloh, die die Ursach'
Des tödtlichen Stiches.
Ich aber dacht' traurig:
Ach, daß sie's nicht wissen,
Wer heute geboren,
Ob Bacchus, ob Christus!

III.

Ich trat in den Tempel
Und dort zwischen Lichtern
Und Laubwerk und Rosen
Konnt' ich es erblicken
Das Christkind, das Christkind!
Ich sah vor ihm knieen
Die Großen und Kleinen
In Andacht, in stiller.
Und Hymnen von Jungfraun
Und Engeln, so schien es,
Die stiegen vom Chor, ihm
Zu huld'gen, hernieder.
Doch ach in dem Schatten
Bisweilen auch schien es,
Daß schmachvolle Scenen
Entweihten die Kirche.
Ich aber dacht' traurig:
Ach, daß sie's nicht wissen,
Wer heute geboren,
Ob Bacchus, ob Christus!

Der Kinder Weihnachtstraum.

Sobald der Schlaf bezwungen
Die müden Kindlein,
Und sich verzehrt die Kerzen
Der Weihnachtskrippe,
Und wenn nicht mehr erschallen
Die Weihnachtslieder,
Die wundersamsten, schönsten·
Träume beginnen!

Es träumen die unschuld'gen
Kindlein von grünen
Gipfeln und von Kaskaden,
Die sie entzücken,
Von Gärten und von Bäumen
Und süßen Düften,
Von holder Tauben Girren
Und blauen Lüften.

Auch weiße Häuschen schafft sich
Ihr Traumesweben
Und über saft'ge Wiesen
Trippelnde Schäfchen,
Bächlein, die klarkrystallen,
Murmelnde Quellen
Und Bergeshöh'n, bekleidet
Mit Schnee, der ewig.

Hier tanzen auf dem Felde
Hirten beim frohen
Getös des Dudelsacks und
Der Flöten Tone.
Dort grast die Kuh, und friedlich
Zur Seite dorten
Des treuen Hundes ruhen
Die sanften Ochsen.

Und fern im Hintergrunde
Des niedern Stalles
Ein neugebor'nes Kindlein,
Ein hocherhab'nes,
Von unnennbarer Schönheit
Himmlischem Prangen,
Das seine jungfräuliche
Mutter in Schlaf lullt.

Den Aether kreuzen Genien
Mit gold'nen Harfen,
Bei deren Harmonien sich
Gleich der Granate
Der ganze Himmel öffnet,
Und hehren Glanzes
Erhebt sich in der Mitte
Der Thron Gott Vaters.

Was in der Weihnacht Alles
Schauten die Kleinen
Beseligt vor der Krippe
Des Kind's, des heil'gen,
Der Traum, er wiederholt es
In ihrem Geiste,
Läßt schau'n sie tausend Bilder
Lieblich und heiter.

Wohl errath' ich, an wen in der Weihnacht.

Wohl errath' ich, an wen in der Weihnacht
Denkt wer kreuzt durch die Wüste des Meers,
Ob nun lieblich ein Lüftchen mag wehen,
Oder grollend der Sturm sich erhebt.
Doch ich weiß nicht, was sagen die Wogen,
    Die kommen und geh'n, -
Dem, der heut' zwischen Abgründen schwebet,
Heute Nacht zwischen Himmel und Meer.
    „O wie ist's um die Meinen,
    Die Lieben bestellt?"
    Also sinnt in der Weihnacht
    Wer heut' fährt über's Meer.
Und die Wogen, die Luft und der Himmel,
    All' die Stimmen umher,
Selbst wenn Nichts sie ihm sagen, sie sagen
Ihm so viel, daß ihn Zweifel umfängt,
    Soll jubeln und jauchzen,
    Soll weinen er jetzt.

Ich errath', an wen denkt in der Weihnacht
Wer der Seinen Eins hat auf dem Meer,
Ob nun lieblich ein Lüftchen mag wehen,
Oder grollend der Sturm sich erhebt.
Doch ich weiß nicht, was sagen die Wogen,
  Die kommen und geh'n,
Dem, der wandern ein Stück seiner Seele
Sieht heut' zwischen Himmel und Meer.
  „O wie ist's um die Meinen,
  Die Lieben bestellt?"
  Also fragt auf dem Land sich
  Wer da denkt an das Meer.
Und die Wogen, die Luft und der Himmel,
  All' die Stimmen umher
Selbst wenn Nichts sie ihm sagen, sie sagen
Ihm so viel, daß er grausend erbebt
  Vor dem großunermeß'nen,
  Dem dunkelen Meer.

Der Maulthiertreiber.

Es trat in's Gebirge
Der arme Arriero,*)
Das folgsame Maulthier
Führt' er an der Rechten.
Es war noch sein Dörfchen
So ferne, so ferne,
Und Schnee allenthalben
Bedeckte die Wege.
Die Sonne ging unter,
Da stieg noch die Kälte,
Am Himmel, am hohen,
Erglänzten die Sterne.
Es harren die Kinder
Des armen Arriero,

---

*) Arriero heißt Maulthiertreiber.

Der täglich sich abmüht,
Um sie zu ernähren.
Er müht sich um sie nur,
Für sie nur erträgt er
Ermüdung des Leibes,
Beschwerden der Seele.
Es sprach in der Hütte
Die Mutter indessen
Zu ihnen: „Er kann jetzt
Nicht lange mehr säumen.
Sollt' sehen, gleich bringt er
Euch Trommeln und Schellen
Und auch wohl ein Krippchen
Als Weihnachtsbescheerung.
Darum ist es nöthig,
Das wachbleib' ein Jedes,
Denn Große wie Kleine
Erwarten wir jetzt ihn." —
Es schreitet das Maulthier
So langsam, so träge,
Erstarrt von dem Froste,
Vom Kothe gehemmet.
Nicht spät ist's am Abend,
Und doch schon bemerket
Der Fuhrmann, daß mählig
Ihm schwinden die Kräfte.

Den Schlaf, ach er möcht' ihn
Besiegen — vergebens,
Kaum kann er mehr vorwärts,
Erstarrt ist er jetzo.
Will sehn noch, ob sitzend
Auf's Neu' er sich stärke,
Läßt nieder ein Weilchen
Sich auf ein paar Felsen.
Der süß, doch voll Tücke,
Der Schlummer im Schneebett,
Hat bald ihn bezwungen,
Sein Sieg ist vollständig.
Der arme Arriero
Sieht flüchtig die Seele
Durchkreuzen ihm lieblich
Viel tausend Gemälde
Von Liebe und Hoffnung,
Von Glück und von Freude:
In ihr ohne Zweifel
Erklingen ihm Echos
Geliebtester Stimmen
Von ferne, von ferne,
Denn siehe, es öffnet
Die Lippen des Schläfers,
Die starr schon und farblos,
Ein Kuß und ein Lächeln. —

Ringsum tiefes Schweigen,
Die Nacht war so helle,
Am Himmel, am hohen,
Erglänzten die Sterne.
Das Weib und die Kinder
Des armen Arriero,
Sie sprachen: „Er kann jetzt
Nicht lange mehr säumen!"
Als er, schon geboren
Zu schönerem Leben,
Zulispelt' den Seinen:
„„O kommt, ich harr' Euer!""

Der Geizige.

Der ärgste Geizhals, den ich
Jemals gekannt hab',
Verbringt die Nacht, die heil'ge,
Einsam zu Hause.

Eins, zwei, drei, tausendmal zählt
Er voller Wonne
Die er gehäuft, die Summen
Blinkenden Goldes.

Nicht Greise, Kinder, Kranke,
Es konnte Keiner
Mit Thränen und mit Seufzern
Sein Herz erweichen.

Selbst sie, der nichts unmöglich,
Christliche Liebe,
Verzweifelt, denn sie kann ihn
Doch nicht bezwingen.

Als über seinen Schatz er
Must'rung gehalten,
Löscht er das Licht aus, giebt sich
Glücklichem Schlafe;

Kann ihn doch nicht versöhnen:
Ein Lärm, ein dumpfer,
So dünkt es ihn, verhind're
Ihn an dem Schlummer.

Er macht das Licht an, löscht es
Dann augenblicklich,
Und so vergehn die Stunden
Ihm unerquicklich.

Bald wähnt er, eine Ratte
Sei's, die den Lärm mach',
Bald daß ein Dieb im Zimmer
Erbrech' den Geldschrank.

Doch das Geräusch ist Täuschung:
Ich wett', ich wette,
Daß ihn ganz andre Ursach'
Schrecket im Bette.

Was ihm in eine böse
Wandelt die Weihnacht,
Glaub' mir, ist sein Gewissen,
Das so ihm Pein macht.

Was die Weihnachtsglocken läuten.

Es rufen die Glocken,
Es ruft das Geläute:
Der Herr ist gekommen,
Der Seelenhirt heute!

Der Eine, durch den wir
Das Heil nur erwerben;
Er, der unser Trost ist
Im Leben und Sterben;

Deß Namen wir rufen
In Noth und Beschwerden,
Deß Name verknüpfet
Den Himmel der Erden;

Der Herr, den verkündet
Dem Volk die Propheten,
Der größer als alle
Der Welt Majestäten!

Nicht kommt er im Glanze,
Der König der Ehren,
Er trägt nur die Hoheit
Im Worte, dem hehren.

Der rein wie die Lilie,
Ohn' Makel und Mängel,
Der Herr ist geboren,
Es ruft es der Engel.

Die Bergluft trägt weiter
Die himmlischen Klänge,
Und lieblich ertönen
Der Hirten Gesänge.

Drei Könige kommen
Daher aus der Ferne,
Vom sichersten Führer
Geleitet, vom Sterne,

Demant aus der Krone
Des Schöpfers der Erde,
Des Vaters im Himmel,
Und Licht jedem Herde.

.

Wie viele Geschlechter
Noch kommen und gehen,
Sie werden die Leuchte,
Die heilige, sehen!

Begrüßet, Ihr Armen,
Ihr Sclaven und Knechte
Die Sonne, die aufging
Dem Menschengeschlechte!

Den Morgen, der strahlet
In Bethlehem helle,
Begrüß' ihn, wer schmachtet
In dunkeler Zelle!

Begrüßt den Messias,
Ihr Frauen, mit Kränzen:
In himmlischen Strahle
Sollt jetzt Ihr erglänzen,

Sollt heut' mit Maria
Euch herrlich erheben,
Mit ihr, die der Menschheit
Den Heiland gegeben!

Hosiannah, so hall' es
Beim heiligsten Feste
Des Herd's und der Kirche
Durch Hütt' und Paläste!

Begrüßt mit Hosiannah,
Mit Jubelruf heute
Den Hymnus der Thürme,
Das Weihnachtsgeläute!

Die Stimme versagt mir:
Ich kann es nicht deuten,
Was all' in der Weihnacht
Die Glocken uns läuten!

l by Google

Anhang.

Eine Weihnachtsgabe für Murcia.

(Prolog, gedichtet und gesprochen von Dr. Joh. Fastenrath in dem am 18. Januar 1880 vom Kölner Männer-Gesang-Verein zum Besten der Ueberschwemmten in Murcia und der Nothleidenden in Oberschlesien veranstalteten Concerte im Gürzenich.)

O tausend Dank, Colonia's Sangessöhne,
Die von des Wohlthuns edlem Drang getrieben,
Den Wahlspruch: „Stets das Gute durch das Schöne"
Mit gold'ner Schrift auf ihren Schild geschrieben!
O tausend Dank für Eu'res Liedes Töne,
Das Zeugniß gibt von Eu'rem Bruderlieben!
Ihr schafft, getreu der herrlichsten Devise,
Die Wüsten Murcia's um in Paradiese!

Zum Blumenteppich in Hispaniens Reichen
Vom Genius der Schönheit auserkoren,
Wie strahlte Murcia zaub'risch ohne Gleichen,
Der Christen Eden und der Traum der Mohren!
Die Palme hob sich als ein Siegeszeichen
In einem Meer von Duft vor Murcia's Thoren,
Und in Orangenwald und Rosenlaube
Beseligt waren Nachtigall und Taube!

Schon war die Stadt des Glück's in Traum versunken:
Der Landmann träumt von seines Feldes Früchten,
Das Mägdlein träumt von seiner Liebe trunken,
Das Kindlein von den Engeln, von den lichten:
Da plötzlich — was ist ird'schen Glückes Prunken? —
Die Sündfluth kommt, dies Eden zu vernichten!
Es rollt der Donner, und mit Einem Schlage
Die Stadt des Lebens wird zum Sarkophage!

Seht, wie sich Braut und Bräutigam umschlingen,
Bis sie der Tod faßt mit der Hand, der kalten!
Mit Well' und Woge, welch' heroisch Ringen!
Ihr Kleinod, ach ihr Kindlein, zu erhalten,
Strebt dort den Stamm die Mutter zu erringen,
Und endlich mit herkulischen Gewalten
Erreicht sie ihn — das Kindlein ist gerettet!
Sie selber in des Stromes Grund gebettet!

Nie gab's ein schrecklicheres Morgengrauen!
Die Stadt der Liebe ward zur Stadt der Zähren —
Wo sind die sonnbestrahlten Blumenauen,
Und wo des Segens Sinnbild, gold'ne Aehren?
Hier ist des Todes Ernte nur zu schauen,
Doch einen Seraph seh' ich, einen hehren:
Der Liebesengel breitet seine Flügel,
O Murcia, um Deine Grabeshügel!

Da wird zu einem einzigen Gedanken,
Ganz Spanien zu einem einz'gen Herzen!
Die Hand zu öffnen, wer noch könnte schwanken
Vor dieser namenlosen Fluth der Schmerzen?
Die Liebe naht, sie kennet keine Schranke,
Die Liebe naht mit ihren Weihnachtskerzen!
Die Völker alle, so da Namen haben,
Nah'n, Murcia, Dir, mit ihren Weihnachtsgaben!

Dich segne Gott, o Stadt am Rheinesstrome!
Auch Du kamst fromm, die fremde Noth zu lindern!
Des Mitleids Stimme hörtest Du im Dome:
Das deutsche Köln gibt freudig Spaniens Kindern!
Doch Murcia, die Stadt einst der Arome,
Spricht tiefbewegt: „Die Spende müß't ihr mindern!
Ich bitte, laßt die Hälfte mich verlieren!
Den Schlesiern gebt sie, die da hungernd frieren!"

Und so geschieht's. — Ich aber fühl' erbeben
Das Herz vor Freude, wie ich nie empfunden!
Welch' eine Lust ist's heut', in Köln zu leben,
Der Stadt, die Balsam träufelt in die Wunden!
Der Kölner singt, und Murcia's Mauern heben
Sich stolz, Colonia's Glorie zu bekunden!
Ihr Sänger Kölns — o möge Gott Euch lohnen!
Ihr werdet heut' zu Murcia's Amphionen!

O tausend Dank, Colonia's Sangesföhne,
Die von des Wohlthuns edlem Drang getrieben,
Den Wahlspruch: „Stets das Gute durch das Schöne"
Mit gold'ner Schrift auf ihren Schild geschrieben!
O tausend Dank für Eu'res Liedes Töne,
Das Zeugniß gibt von Eu'rem Bruderlieben!
Es wird der hehre Ruf von Eurem Singen
Durch Spanien immer und durch Schlesien klingen!

Das Volk des Cid mit ritterlichen Grüßen
Verneigt sich vor der kölnischen Chimene:
Wer bist Du mit dem Liedermund, dem süßen,
Die liebreich trocknet uns'res Jammers Thräne?
Der Muse Kind, sieh' uns zu Deinen Füßen,
Marie Sartorius, kölnische Kamöne,
Du thron'st auf edler Sänger Siegeswagen,
Die stolz das kaiserliche Banner tragen!

Dem Kaiser Heil, dem neuen Karl dem Großen,
Dem Schirmherrn Kölns, dem Freund der Kölner Lieder!
Gleichwie der Ton, den Roland ausgestoßen
Zu Ronceval, in Aachen hallte wieder,
Schwingt sich ein Ruf jetzt zu Wilhelm dem Großen
Aus Murcia — wie Eines Volkes Glieder
Hispanien, Köln und Schlesien sich erheben:
Es möge lang' noch Kaiser Wilhelm leben!

Heil sei dem Tage, da das Reich gegründet,
Das Reich des Helden in den Silberhaaren!
Noch loh'n die Feuer, die wir angezündet,
Die Freudenfeuer heute vor neun Jahren!
Der Ruhm des deutschen Reiches wird verkündet
Von Deutschlands wie von Spaniens Sängerschaaren!
Den Bruderkuß in dieser hehren Stunde
Gibt Spanien Deutschland — Heil sei ihrem Bunde!

Zur Feier der Vollendung des Kölner Domes
am 15. Oktober 1880.

Er ist vollendet! läutet's, alle Glocken!
Er ist vollendet! schmettert's, alle Stimmen!
Die Welt durchbraus' ein einziges Frohlocken,
Das wie der Dom möcht' hoch gen Himmel klimmen!
Und selbst Ihr Todten hört es froh erschrocken:
Er ragt empor trotz Satanas Ergrimmen!
Vollendet ist der Riesendom zu Köllen!
Wir alle waren seine Werkgesellen!

All' auf die Knie'! Heut' ist ein Tag zu beten,
Und wie Gebet erheben sich die Steine
Des Doms, den der Dreikön'ge Majestäten
Umgeben mit dem hellsten Glorienscheine!
All' auf die Knie', da wir der heißersflehten
Vollendung Tag geseh'n in Köln am Rheine!
Vollendet prangt der Bau, der einz'ge, hehre,
Die Wunderblume zu des Höchsten Ehre!

Heut' ist ein Tag zu beten, zu lobsingen:
Am Tage, da Maria aufgefahren
Gen Himmel, seht ihr nach den Dom sich schwingen!
O jubelt laut mit allen Engelschaaren:
Der Herr ließ uns das Herrlichste vollbringen,
Die hehrste Burg ihm bauen! Und bewahren
Mög' immerdar in seiner Vatergüte
Er seines hohen Domes Wunderblüthe!

―――

Am heiligen Dreikönigsschrein geloben
Dreifach Gelübde heute alle Frommen:
Des Glaubens Gold weih'n wir dem Vater droben,
Von dem uns Kraft zum großen Werk gekommen,
Den ewig dieses Doms Portale loben,
Daß gnädig er die Schmach von uns genommen
Und läßt die Kreuzesblumen niederschauen
Auf des erstand'nen deutschen Reiches Gauen!

Des Weihrauchs und der Myrrhen edle Gaben,
Wir bringen sie dem theuren Vaterlande
Und ihm, deß' Bild wir All' im Herzen haben,
Dem uns vereinen treu'ster Liebe Bande,
Dem Kaiser, unser'm Herrn! Es lag begraben
Das Reich zuvor in einem Grab der Schande;
Er hob's empor; erfüllt ist seine Sendung:
Im ein'gen Reich schaut er des Doms Vollendung!

Die klagende Ruine mit dem Krahnen
Jauchzt, heut' der hehrste Dom, mit Seraphzungen!
Der Krahn verschwand, verklungen ist sein Mahnen,
Und der Jahrhundert' Klagelied verklungen!
Vom hohen Thurme weh'n die Kaiserfahnen;
Nie ward ein Lied aus Menschenmund gesungen,
Wie der Choral von dieses Domes Steinen:
„Wir steh'n vollendet, Dank sei dem Dreieinen!

„O möchten eine Friedensburg wir ragen,
An Menschenfrieden reich und Gottesfrieden
Ob Köln und Deutschland, hörten ihn*) wir sagen,
Dem ach nicht der Vollendung Tag beschieden!
Ja Friede sei jetzt und in spät'sten Tagen,
Ein Mal des Friedens ragen wir hinieden!
Die uns gefügt zum herrlichsten der Dome,
Erquicke Gott mit seines Friedens Strome!" —

O Dom, entstammend einer Zeit von Eisen,
Wie prangst Du licht in gold'ner Flammenkrone!
Die Dich vollendet, muß ich selig preisen:

---

*) König Friedrich Wilhelm IV. in seiner denkwürdigen Rede vor
4. September 1842 bei der Grundsteinlegung zum Ausbau des Domes.

Sie nahten sich mit Dir des Ew'gen Throne!
O Dom, für den die Wittwen und die Waisen
Gespendet, daß die Allmacht drinnen wohne,
Du bist, gebaut von allen Confessionen,
Ein Bild des Friedens für die ird'schen Zonen!

Den Todten Preis! Aus himmlischem Asyle
Erheb' den sel'gen Blick zu Deinem Chore,
O edler Meister! Komm', Gerhard von Rile,
Zieh' ein in Deines Doms erhab'ne Thore!
Es jauchzt Dein Köln an der Vollendung Ziele!
Was Du, that noch kein Zaub'rer, keine Lore:
Albertus Magnus schuf der Wunder keine
Wie die Guirlanden, die Du schufst von Steine!

Ihr Todten Alle seid zum Fest geladen,
Ihr edlen Todten seid zum Dom gerufen,
Die Ihr für ihn gelebt! O Du komm' von Hostaden,
Conrad, und knie' vor des Altares Stufen!
Schau' Zion's Abbild an des Rheins Gestaden,
Das Du geträumt und hohe Meister schufen,
Für das erklang entschlaf'ner Sänger Leyer!
O kommt, Ihr Todten, zur Vollendungsfeier!

Du, den sie krönten auf dem Capitole,
Petrarca, schau', die jetzt Colonia krönen,

Die Thürme Deines „summum"*), die Symbole
Des Reichs und alles Deutschen, Großen, Schönen!
Und Du, der Thau einst sog aus der „Viole",**)
Komm', Vondel, wieder zu Colonia's Söhnen:
Wilhelm von Holland legt' den Stein, den ersten,
Und Deutschland's Wilhelm grüßt der Dome hehrsten!

O Seligkeit, die Göttliche, die Reine,
Des Evangeliums Lilie darzustellen!
Die, Stephan, Du gemalt, die Einzig eine —
Wie muß Dir Seligkeit den Busen schwellen! —
Im Rathhaus nicht mehr, in des Domes Haine
Siehst Du sie an der heiligsten der Stellen!
Und Dombild ist des Wunderbildes Namen,
Maria selbst, die Himmlische, sagt Amen!

---

*) Petrarca, der im Jahre 1331 durch Köln kam, drückte seine Bewunderung des Domes in einem Briefe an den Cardinal Colonna in den Worten aus: „Templum arte media pulcherrimum, quamvis incompletum, quod haud immerito summum vocant."

**) Der große niederländische Dichter Joost van den Vondel wurde in Köln in dem Hause zur „Viola" (Veilchen) geboren. Der Dichter sagt daher in dem Gedicht: „Olivenzweig", welches er 1632 an den Schwedenkönig Gustav Adolph richtete, als dessen siegreiche Waffen Köln bedrohten:

    Am Strand des grünen Rheins,
  Der Heimath goldnen Weins,
Hab' ich aus Veilchenblüthen Thau gesogen.

Sulpiz*) und Görres, schaut den Sohn der Schmerzen,
Den Dom: wie ward er zum gewalt'gen Riesen!
Ihr saht ihn mit der Seele, mit dem Herzen,
Habt auf den Finger uns des Krahns gewiesen,
Der Deutschland mahnt', die Schande auszumerzen —
O seid in Ewigkeiten drob gepriesen,
Und immer sei, Ihr Edelsten der Geister,
Der Geist der Religion der Hütte Meister!**)

Verkörpert schau' des Meisters Lichtgedanken,
O Forster jetzt, der schon im Reich der Träume
Gesehen diese Säulen all', die schlanken,
Die luftig schweben wie Gewölb' der Bäume!
Es ist als ob das Weltall sonder Schranken
Versinnlichten die wunderbaren Räume!
Ihn, den umfassen keine Gotteshäuser,
Hier fühlt Ihr Ihn, o Schlegel, Smets und Kreuser!

Es soll der Sänger mit dem König gehen:
Komm', Max von Schenkendorf, zur Kathedrale!

———

*) Sulpiz Boifferée.
**) Görres: Kirche und Staat nach Ablauf der Kölner Irrung. S. 250.

Den Jüngling*) hast, den König, Du gesehen,
Der sie erbaut zum ew'gen Ruhmesmale,
Den Vierten Friedrich Wilhelm, der erstehen
Ließ der Gerharde schönste Ideale!
Du guter König! Wer Dich könnte bitten
Zum Domfest heut' aus sel'ger Geister Mitten!

Wir rufen Dich zu Deines Domes Hallen,
Wir danken Dir aus tiefstem Herzensgrunde,
Indeß uns Thränen auf die Wangen fallen:
O sei bei uns in dieser heil'gen Stunde!
Laß die entschlaf'nen Meister mit Dir wallen,
Geh' Du voran dem hehren Geisterbunde!
Laß Deinen Zwirner jetzt vollendet schauen
Was er begann mit hohem Gottvertrauen!

Tritt aus Walhall' in diese Säulengänge,
Die kühn sich wölben, o Du edler Baier,
Hochsinn'ger Ludwig! Dankbar grüßt die Menge
Des Domes Freund bei der Vollendung Feier:

---

*) Max von Schenkendorf sang:
    Harret nur noch wenig Stunden,
    Wachet, betet und vertraut,
    Denn der Jüngling ist gefunden,
    Der den Tempel wieder baut.

Dir dankt sie bunter Scheiben Goldgepränge,
Zu deren Preis ertönt des Sängers Leyer:
Es fällt durch sie „kein eitles Licht der Sonnen,
Es ist der Wiederschein der ew'gen Wonnen."

O Kardinal von Geißel, schweb' hernieder,
Der für den Bau erfleht des Himmels Segen!
O Wittgenstein, o Edelstein, komm' wieder:
Du halfst des Domes zweiten Grundstein legen;
Und Du, deß frohe Werkgesellenlieder
Sie sangen bei des Meißels regen Schlägen,
Du darfst nicht fehlen uns, Busso von Hagen,*)
Wo hoch empor die Zwillingsthürme ragen!

Ihr Todten, ach, wer kann Euch alle nennen,
Die freudig schuft, den Tempel zu vollenden?

—

*) Der Lieutenant Busso von Hagen (geb. zu Brandenburg am 25. August 1809, gest. zu Köln am 25. Oktober 1842) ist bekanntlich der Dichter des schönen Dombau-Werkgesellenliedes:

    Wenn am Dom der Chor erglüht,
    Frühmeß-Glocken klingen,
    Laßt das Werkgesellenlied
    Himmelauf sich schwingen.
    Forme dich, du fester Stein,
    Sollst ein stark Gerüste sein,
    Und ein Laubgewinde fein
    Soll dich zart umschlingen

Noch gestern von Begeist'rungsgluth entbrennen
Sah ich Dich Freund: um sterbend zu beenden
Das Buch vom Dom, hielt'st Du, mein guter Ennen,
Am Grabesrand die Feder noch in Händen!
Als Du's vollendet zu des Domes Ruhme,
Entschliefst Du — ach, siehst nicht die Kreuzesblume!

———

Du schaust sie, unser Kaiser, und wir sagen
Dem Himmel Dank, der Dir den Tag beschieden!
Du schaust die Gottesburg! O möcht' sie ragen
An Menschenfrieden reich und Gottesfrieden!
Ja Friede sei jetzt und in spät'sten Tagen,
Ein Mal des Friedens rage sie hinieden!
Die sie erhoben zu dem schönsten Dome,
Erquicke Gott mit seines Friedens Strome!

Druck von Emil Herrmann in Leipzig.

Verlag von Wilhelm Friedrich in Leipzig.

Eltern habt Acht!
Bilder
aus dem Familienleben der höheren Kreise.
Von
E. von Ugeny.

In 8⁰. eleg. br. 5 Mark, eleg. geb. 6 Mark.

Sämmtliche Werke von Julius Mosen.
Neue vermehrte und durch eine Biographie des Dichters von dem Sohne desselben bereicherte Auflage.
Mit Mosen's Portrait.

Erscheint in eleg. Ausstattung in 16 vierzehntägigen Lieferungen (à 8—9 Bogen in 8⁰) zu je 75 Pf. oder in 6 Bänden br. 12 Mark, eleg. geb. 15 Mark.

Ausgewählte Lustspiele von Molière.
In fünffüßig paarweis gereimten Jamben
übersetzt von
Prof. Dr. Adolf Laun.
Mit Molière's Portrait.

In 8⁰. In eleg. Ausstattung br. 4 Mark, eleg. geb. 5 Mark.

Die Chronologie der Bibel
des Manetho und Beros.
Von
Dr. V. Floigl.

In gr. 8⁰. br. 8 Mark.

Dichtungen des Auslandes
in vorzüglichen Uebersetzungen.

Serie I, Elzevir-Ausgaben.

Bd. I. Giosuè Carducci: Ausgewählte Gedichte. Metrisch übersetzt von B. Jacobson. Mit einer Einleitung von Karl Hillebrand. br. M 3.—, eleg. geb. M 4.—.

Bd. II. Chaucer's Ausgewählte kleinere Dichtungen. Im Versmaße des Originals in das Deutsche übertragen und mit Erörterungen versehen von Dr. John Koch. br. M 2.—, eleg. geb. M 3.—.

Bd. III. Iris. Dichterstimmen aus Polen. Auswahl und Uebersetzung von Heinrich Nitschmann. br. M 5.—, eleg. geb. M 6.—. (Volksausgabe br. M 3.—.)

Bd. IV. Luther im Spiegel spanischer Poesie. Bruder Martin's Vision. Nach der 10. Auflage der Dichtung unseres Zeitgenossen D. Gaspar Nuñez de Arce im Versmaß des Originals übertragen von Dr. Johann Fastenrath. br. M 1.50, eleg. geb. M 2.50.

Bd. V. Andina. Eine Auswahl aus südamerikanischen Lyrikern spanischer Zunge. Uebertragen von L. Darapsky. br. M 2.50, eleg. geb. M 3.50.

Bd. VI. Lieder des hellenischen Mirza-Schaffy Athanasius Christópulos, nebst einer Auswahl von Liedern und Gedichten hellenischer Zeitgenossen. Im Versmaße der Originale übertragen von August Boltz. br. M 2.50, eleg. geb. M 3.50.

Bd. VII. Ausgewählte Gedichte von Björnstjerne Björnson und anderen zeitgenössischen nordischen Dichtern. Metrisch übersetzt von Edmund Lobedanz. br. M 3.—, eleg. geb M 4.—.

Bd. VIII. Neruda's kosmische Lieder. Aus dem Böhmischen übersetzt von Pawikowski. br. M 1.20, eleg. geb. M 2.20.

Serie II, Oktav-Ausgaben.

Arann, Joh.: König Buda's Tod. Ein Epos aus dem Ungarischen übersetzt von Albert Sturm. br. M 3., eleg. geb. M 4.—.

Foscolo, Ugo: Von den Gräbern (Dei Sepolcri). Ein Gedicht aus dem Italienischen übersetzt von Paul Heyse. M 1.—

Longfellow: Die goldene Legende. Uebersetzt von Elise Freifrau von Hohenhausen. br. M 4.—, eleg. geb. M 5.—.

Petöfi: Der Wahnsinnige. Uebersetzt von Hugo von Meltzl. M —.50.

Slowacki: Maria Stuart. Drama in fünf Aufzügen. Uebersetzt von Ludomil German. M 2.—

— In der Schweiz. Uebersetzt von L. Kurtzmann. br. M 1.50.

Wlislocki, Dr. H. von: Haideblüten. Volkslieder der transilvanischen Zigeuner. br. M 1.—

— Eine Hildebrands-Ballade der transilvanischen Zigeuner. br. M —.50

Von Dr. Johann Fastenrath sind bisher erschienen:

A. Dichtungen in deutscher Sprache.

**Im Verlage von Eduard Heinrich Mayer,
Leipzig und Cöln, 1865 bis 1870.**

Ein Spanischer Romanzenstrauß, 1 Band.
Klänge aus Andalusien, 1 Band.
Die Wunder Sevilla's, 1 Band.
Hesperische Blüthen, 1 Band.
Immortellen aus Toledo, 1 Band.
Das Buch meiner spanischen Freunde, 2 Bände.
Die deutschen Helden von 1870, Kriegs- und Siegeslieder, 1 Band.

B. Werke in spanischer Sprache.

Im Verlage von Aribau & Cie., Madrid, 1872 bis 1880.

Pasionarias de un aleman-español (Articulos acerca de las representaciones de la Pasion y Muerte de nuestro Señor Jesucristo en Oberammergau), 1 Band.
La Walhalla y las glorias de Alemania, bis jetzt 5 Bände, der 6. unter der Presse.

C. Deutsche Uebertragungen aus dem Spanischen.

Recept gegen Schwiegermütter, Lustspiel in 1 Akt nach D. Manuel Juan Diana. — Berlin, Eduard Bloch's Dilettantenbühne, 1865.
Luther im Spiegel spanischer Poesie. Bruder Martins Vision, nach der Dichtung des D. Gaspar Nuñez de Arce. — Leipzig, Wilhelm Friedrich, 1880.

Das Magazin für die Literatur des Auslandes
(Kritisches Organ der Weltliteratur)
Begründet 1832 von Josef Lehmann
Herausgegeben von Dr. Eduard Engel in Berlin,

ist die einzige deutsche Revue großen Stils, welche den gebildeten Leser in den Stand setzt, den literarischen Erscheinungen aller Kulturländer zu folgen. Sämmtliche für das deutsche Publikum interessanten Erscheinungen der Weltliteratur werden im „Magazin" von den hervorragendsten Schriftstellern Deutschlands und des Auslandes in längeren Essays oder knapperen geistvollen Kritiken besprochen. Der Leser des „Magazin" hat die Sicherheit, daß ihm kein irgendwie wichtiges Werk der französischen, englischen, italienischen, spanischen Literatur unbekannt bleiben kann. Aber auch die Literaturländer zweiten Ranges werden ihrer Stellung entsprechend auf das Eingehendste berücksichtigt.

Damit aber nicht ausschließlich die Literatur des Auslandes behandelt werde, bringt die stehende Rubrik „Deutschland und das Ausland" regelmäßig einen Aufsatz über die geistigen Beziehungen Deutschlands zu fremden Literaturen. Auch poetische Verdeutschungen unserer größten Uebersetzungskünstler zieren das „Magazin" vor allen andern Revuen.

Das „Magazin" zählt zu seinen ständigen Mitarbeitern Paul Heyse, Emanuel Geibel, Friedrich Bodenstedt, Alfred Meißner, Johannes Scherr, Prof. Max Müller (Oxford), Karl Witte, Dr. Johann Fastenrath, Lina Schneider, A. R. Rangabé Murad Efendi, Karl Emil Franzos, Max Nordau, Prof. Dr. A. Boltz, Dr. Karl Braun (Wiesbaden), Bret Harte, Emile Zola, Emilio Castelar und viele andere namhafte Schriftsteller.

Der Preis beträgt **pro Quartal nur 4 Mark**. Wöchentlich erscheint eine Nummer von ca. 32 großen Spalten.

Bestellungen nehmen alle Buchhandlungen und Postanstalten entgegen. Eine Probenummer steht Jedem auf Verlangen gratis zur Verfügung.

Leipzig.

Verlagshandlung von Wilhelm Friedrich.